Gestión Del Tiempo

Cómo incrementar la productividad y parar de procrastinar

(Autoayuda Y Desarrollo Personal)

Príamo Medina

Publicado Por Daniel Heath

© Príamo Medina

Todos los derechos reservados

Gestión Del Tiempo: Cómo Incrementar La Productividad Y Parar De Procrastinar (Autoayuda Y Desarrollo Personal)

ISBN 978-1-989853-91-7

Este documento está orientado a proporcionar información exacta y confiable con respecto al tema y asunto que trata. La publicación se vende con la idea de que el editor no esté obligado a prestar contabilidad, permitida oficialmente, u otros servicios cualificados. Si se necesita asesoramiento, legal o profesional, debería solicitar a una persona con experiencia en la profesión.

Desde una Declaración de Principios aceptada y aprobada tanto por un comité de la American Bar Association (el Colegio de Abogados de Estados Unidos) como por un comité de editores y asociaciones.

No se permite la reproducción, duplicado o transmisión de cualquier parte de este documento en cualquier medio electrónico o formato impreso. Se prohíbe de forma estricta la grabación de esta publicación así como tampoco se permite cualquier almacenamiento de este documento sin permiso escrito del editor. Todos los derechos reservados.

Se establece que la información que contiene este documento es veraz y coherente, ya que cualquier responsabilidad, en términos de falta de atención o de otro tipo, por el uso o abuso de cualquier política, proceso o dirección contenida en este documento será responsabilidad exclusiva y absoluta del lector receptor. Bajo ninguna circunstancia se hará responsable o culpable de forma legal al editor por cualquier reparación, daños o pérdida monetaria debido a la información aquí contenida, ya sea de forma directa o indirectamente.

Los respectivos autores son propietarios de todos los derechos de autor que no están en posesión del editor.

La información aquí contenida se ofrece únicamente con fines informativos y, como tal, es universal. La presentación de la información se realiza sin contrato ni ningún tipo de garantía.

Las marcas registradas utilizadas son sin ningún tipo de consentimiento y la publicación de la marca registrada es sin el permiso o respaldo del propietario de esta. Todas las marcas registradas y demás marcas incluidas en este libro son solo para fines de aclaración y son propiedad de los mismos propietarios, no están afiliadas a este documento.

Tabla de contenido

Parte 1 1
Introducción – Una Perspectiva Poco Convencional del Manejo del Tiempo 2
Capítulo 1 – Reduciendo y Eliminando los Factores Negativos 12
Capítulo 2 – Salud y Bienestar 20
Capítulo 3 – Productividad 34
Capítulo 4 – Organizar, Planificar, Programar, Priorizar 40
Capítulo 5 – Concentración 47
Capítulo 6 – Motivación personal, Autodisciplina y Dedicación 50
Capítulo 7 – Realizando múltiples tareas 55
Capítulo 8 – Apalancamiento 59
Repaso 64
Parte 2 70
Introducción 71
Capítulo 1 Mito: Puede hacerlo todo usted solo 76
Capítulo 2 Mito: Para hacer más debe levantarse temprano 82
Capítulo 3 Mito: Hacer multitareas es una idea terrible 87
Capítulo 4 Mito: Trabajar más horas es la forma de hacer más 92
Capítulo 5 Mito: Decir "Sí" en cada oportunidad 99
Capítulo 6 Mito: La gente productiva trabaja con una lista 104
Capítulo 7 Mito: Los e-mail son la forma más efectiva de comunicación 109
Capítulo 8 Mito: Estar ocupado es lo mismo que ser

productivo 114

Capítulo 9 Mito: Cada minuto que se usa en planeación ahorra diez en ejecución 118

Capítulo 10 Mito: Trabaje con inteligencia, no más duro 123

Conclusión 126

Parte 1

Introducción – Una Perspectiva Poco Convencional del Manejo del Tiempo

Lee docenas de libros y blogs del manejo del tiempo y encontrarás siempre los mismos principios convencionales:
1. Crea una lista de pendientes
2. Prioritiza
3. Evita distracciones
4. No aplaces
5. Lleva un control de tu productividad y de tus actividades diarias

Mientras estas pueden muy ciertas, están casi incompletas y, contadas veces, no tan productivas cuando se hacen de forma incorrecta.

Carecen de ciertos principios fundamentales y subyacentes que lo llevan a preguntarse:

¿Por qué es que, aunque todos tengamos la misma cantidad de minutos en una hora, horas en un día, días en un mes, etc., algunos de nosotros logramos llegar a cabo y completar muchísimo más en el mismo período de tiempo que otros?

¿Por qué solo algunos de nosotros

logramos 'llevar a cabo' lo que se necesita hacer, mientras otros están luchando y siempre parecen estar 'atrasados'?

¿Por qué sólo algunas personas lo realizan con confianza mientras otras personas batallan con sus sentimientos de sentirse abrumado?

Por supuesto, la respuesta es simplemente la diferencia en la forma la persona maneja su tiempo...

El problema radica en que la 'sabiduría convencional' del manejo del tiempo simplemente no funciona. Si funcionará, todos serían excepcionalmente eficientes y siempre productivos, lo cual, por supuesto, la gran mayoría de personas del mundo no lo es.

Así que, la clave es ir más allá de la definición de un libro de texto sobre el manejo del tiempo y aplicar los principios que transcienden las tácticas genéricas, las cuales son las que se suelen encontrar.

Este libro no es tanto de derribar la sabiduría convencional, pero si es de darte ideas claves y guía práctica para llevarte a ser más eficiente con tu tiempo y más efectivo en tus resultados.

Te llevaremos paso por paso a través de conceptos como distracciones, salud, dedicación, centro de atención, acción, ambiente, multitarea, balance e influencia. Algunos de los conceptos compartidos en este libro serán poco convencionales, y quizás inusuales, en su relación con el tema del manejo del tiempo. Sin embargo, si estás leyendo este libro, seguramente te has percatado que lo 'convencional' no te ha ayudado en nada a convertirte más productivo.

Estos principios pueden ser aplicados en cualquier faceta de tu vida : escuela, trabajo; carrera, hogar; vida familiar, pasatiempos y actividades sociales. Y, mientras la cultura y la tecnología pueden cambiar, estos principios son eternos, y no se verán afectados por el cambio.

Puedes comparar el rendimiento del tiempo al rendimiento de un atleta profesional, especialmente, bajo situaciones de mucha presión.

Algunos atletas tienen la capacidad de simplificar todo el juego o partido y analizarlo en piezas pequeñas. Ellos se concentran en el siguiente tiro, movimiento, lanzamiento, swing, golpe, paso, o cualquier otra cosa, en vez de ver el cuadro completo.

Ellos pueden percibir la siguiente acción sin ser distraído por la audiencia, los competidores, o quien este ganando o perdiendo. No se dejan atrapar por la ansiedad del momento, en vez de esto se concentran en mantener la postura y canalizan su adrenalina en la actividad.

Ellos saben que, si logran completar las tareas pequeñas una por una, están en una mejor posición para ganar.

Si le pones atención a un lanzador de cierre en el béisbol profesional; estos, menor conocidos como cerrador, es un lanzador de relevo que se especializa en obtener los outs finales en un juego cerrado cuando su equipo está liderando; los mejores generalmente no se preocupan por el marcador, cuántos hombres están en la base ni a cuál bateador están enfrentando.

Estos cerradores se concentrar en su

siguiente pitch… y, luego en cada subsecuente pitch después de ese, uno por uno. Ellos saben que, si son exitosos en cada pitch individual, todo lo demás se arreglará por sí solo.

Lo mismo es cierto para los mejores golfistas en el mundo. Ellos, por lo general, no tienden a preocuparse en lo que su competencia está haciendo, en vez de eso se concentran en su siguiente drive, en su siguiente golpe de hierro, o en su siguiente putt. Saben que si su próximo tiro es realizado de la mejor forma que le es posible, entonces el siguiente después de ese será mucho más fácil de lidiar.

Por supuesto, el atleta profesional también puede ver 2 o 3 movimientos por el camino, inclusive mucho más como 10 movimientos por el camino - así como un jugador profesional de ajedrez.

De todos modos, el punto es, ellos desmenuzan el juego de una forma simple, en segmentos manejables en los cuales se puedan concentrar y luego completar, así como si estuvieran marcando 'completado' de una lista de pendientes.

Los atletas profesionales exitosos son también capaces de ralentizar todo, su percepción del *tiempo relativo* cambia a medida que lentifican su respiración, ritmo cardíaco y calman cualquier sentimiento de ansiedad, temor o nerviosismo.

El *tiempo actual* pasa al mismo ritmo para todo el mundo en la misma localización. Sin embargo, el *tiempo relativo* está basado solamente en la perspectiva de una persona.

NOTA*:* Hay pruebas de que el tiempo actual progresa de forma diferente en relación con la gravedad y la altitud. Pero, para propósito del manejo del tiempo, centrémonos solamente en un ambiente consistente.

Cuando un atleta se centra en el siguiente paso y bloquea todas las demás distracciones, y cuando un atleta también se centra en mantener su postura, el tiempo *relativo* parece que pasa más despacio (aunque sea así solamente por fracciones de segundos); de esa forma serán capaces de reaccionar más rápidamente a la situación y el ambiente en el que se encuentran.

Aunque tal vez no seas tan habilidoso en hacer esto tan bien como, por decir, Michael Jordan, Derek Jeter, o Serena Williams, ciertamente puedes aprender el arte de hacerlo y desarrollar la habilidad de lidiar de forma efectiva bajo presión o en situaciones estresantes.

También, justamente ahí hay otra cosa que los mejores atletas profesionales hacen constantemente... *practicar*.

Sea que cuenten con la habilidad innata de su rendimiento (algo físico o mental que se deriva de forma natural desde su infancia o nacimiento), o han tenido que esforzarse mucho para llegar a alcanzar ese pico alto en su rendimiento, TODOS los atletas exitosos han invertido cientos o miles de horas en mejorar sus habilidades.

Ese es uno de los COMPONENTES CLAVES para el manejo del tiempo: NECESITAS practicar, repetir y desarrollar continuamente tu habilidad, no es algo que simplemente acontece.

Aprender proviene no solamente de leer ni de escuchar, proviene de la acción. La única manera que mejorarás tu habilidad de manejar tu tiempo es tomando acción.

Mientras la planificación y la preparación son componentes centrales en desarrollar el manejo del tiempo y la eficacia, no van a tener ninguna relevancia si no se hace algo al respecto. Tienes que tomar acción, ya sea que implique hacer un gran paso o solo uno pequeño, hacia tus metas.

Así mismo, acompañado de tomar acción viene el refrenarse de hacer excusas.

Estar *ocupado* es algo lo cual la mayoría de la gente, de hecho, ya lo está, ya sea por sus hijos, mascotas, diferentes trabajos, pasatiempos, las tareas del hogar, cuidados especiales de algunos familiares, u otras innumerables razones.

Sin embargo, "Estoy ocupado", puede ser utilizado en muchas ocasiones como una excusa, especialmente cuando nos falta motivación.

Algunas de las personas más productivas en el mundo son también las más ocupadas.

Estas personas no hacen excusas, solamente se concentran en alcanzar sus objetivos. Saben que cuentan con una responsabilidad personal de manejar su tiempo de forma efectiva; y ellos saben que no es sólo su ambiente o las personas a su alrededor lo que determina si son o no productivos.

De ahí que, antes de profundizar en los factores que ayudan a crear un mejor manejo del tiempo, vamos a analizar su principal objetivo.

Al final del día, la mayoría queremos mejorar el manejo del tiempo y nuestro rendimiento de forma efectiva, así mismo incrementar nuestras recompensas (o nuestro tiempo de recompensa).

En otras palabras, queremos manejar eficientemente nuestro tiempo para que podamos obtener mejores calificaciones, obtener un ascenso y/o aumentar nuestros ingresos como hemos esperado para, alcanzar nuestras metas, y crear la vida que siempre hemos querido. También queremos incrementar nuestro 'tiempo de juego', lo cual puede traducirse en viajar más, tener más libertad, más tiempo para hacer las actividades que nos gustan, entre otras.

Entonces, nuestro enfoque en el manejo del tiempo es ser más eficientes con el tiempo que tenemos en frente y ser más efectivos en el rendimiento de nuestras tareas y responsabilidades.

Con todos estos puntos en nuestra mente, exploremos primero los factores que afectan de forma negativa en el manejo del tiempo, factores que deberías considerar ir eliminando o reduciendo a medida que avanzas.

Capítulo 1 – Reduciendo y Eliminando los Factores Negativos

Para ser sincero, el mayor obstáculo en el manejo del tiempo eres TÚ. Esto puede venir en forma de pereza, procrastinación, dudar de sí mismo, negación, distracciones, estar ocupado con demasiadas tareas, o alguna otra cosa que se interponga en el camino de lo que quieres o necesitas llevar a cabo.

Tu eres la única cosa más importante que se encuentra en tu propio camino de ser eficiente y eficaz, y, tan pronto te convenzas que ese es el caso, más efectivo te volverás.

Echemos un vistazo a algunos de estos factores y cómo puedes eliminar personalmente el obstáculo:

Asumir demasiadas tareas

Hay una línea muy delgada entre multitareas efectivo (lo cual discutiremos más adelante) y mordiendo más de lo que puedes masticar.

La ambición, aunque es una característica muy positiva cuando se trata de mejorar el éxito y los logros de uno, también puede jugar en nuestra contra cuando perdeos el control.
Aquí es donde necesitas sentirte cómodo diciendo "no".
Cuando realiza demasiadas tareas o actividades a la misma vez, es difícil encontrar un equilibrio y aún más difícil establecer prioridades, especialmente cuando tienen plazos o fechas de vencimiento similares.
Algunas personas tienen la perspectiva de que, para lograr más, tiene que asumir más responsabilidades y deberes. Sin embargo, eso no es necesariamente cierto. A veces, simplificar lo que está frente tuyo es la mejor manera de lograr más ... en otras palabras, muchas veces, menos es más.

Procrastinación y la pereza

Enfrentémoslo, somos casi todos culpables de la procrastinación en algún momento de nuestras vidas, ya sea con el trabajo escolar, tareas del hogar, tareas de trabajo;

carrera u otra "cosa" que no encontremos muy emocionante o inspiradora.

Hay ocasiones en las que simplemente no podemos molestarnos en levantar un dedo para realizar una tarea o deber que seapesado o aburrido.

Como seres humanos, estamos más motivados por las cosas que estimulan nuestras emociones:

Inspirador, miedo a la pérdida; fracaso, estresante, emocionante, que incita al amor; pasión, frustrante, creando desesperación.

Estas emociones nos impulsan a hacer algo.

Y, los depresores alternativos a nuestras emociones, como el aburrimiento, el desinterés, la monotonía, el resentimiento y el disgusto tienden a ser anti-motivadores.

Para combatir la procrastinación, el primer paso es reconocer cuándo lo estás haciendo. Una vez que puede reconocer tales momentos de procrastinación, puede tomar el control y reducir o eliminar sus efectos perjudiciales.

La ÚNICA solución efectiva para vencer la procrastinación, sin importar cuál sea la emoción que nos provoca la tarea en cuestión es saltar de una vez y HACER algo que sirva para llevarla a cabo.

Tienes que hacerte a cargo de ti mismo y seguir adelante, incluso si eso significa solo dar pasos pequeños hacia sus metas. Póngase en movimiento: es probable que descubra que su impulso aumentará con el tiempo.

Distracciones

Los seres humanos del sigo XXI están mayormente llenos de distracciones: la televisión, el internet, los teléfonos móviles, las tabletas, relojes inteligentes y las bandas de ejercicio, vallas publicitarias y las señales de tránsito, la publicidad en todas partes, el constante flujo de información que nos es enviada en cualquier plataforma, y un zumbido constante de tecnología, energía y civilización zumbando en nuestros oídos.

Muchas veces, estamos sobrecargados de tanta estimulación en nuestros oídos y ojos, que nos resulta difícil desasociarnos del mundo que nos rodea.

Pero, eso es lo que realmente se necesita para eliminar las distracciones y ser más eficaz.

Volviendo al atleta profesional exitoso de la introducción, los atletas más exitosos son capaces de bloquear completamente las distracciones y enfocarse en lo que está inmediatamente delante de ellos.

Discutiremos más la concentración en un capítulo posterior; por ahora, comencemos a eliminar las distracciones que te impide realizar el mejor manejo del tiempo y, por lo tanto, su mejor rendimiento.

Dependiendo de la tarea en cuestión, una forma ALTAMENTE efectiva de eliminar las distracciones es apagar todas las tecnologías que no sean esenciales o relevantes.

Tal vez, necesita su computadora o computadora portátil para realizar la tarea enfrente suyo... pero, ¿necesita su teléfono móvil, que probablemente esté vibrando, sonando o parpadeando constantemente con notificaciones de redes sociales, mensajes de texto, llamadas perdidas, y correos electrónicos? Adquiera el hábito de apagarlo (o, al menos, ponerlo en un cajón del escritorio) durante 30 minutos a una hora en cada ocasión. Es posible que se sorprenda de cuánto más logra cuando no mira el teléfono cada 3-5 minutos para ver si hay una nueva notificación.

Eliminando los efectos negativos del estrés y la ansiedad

Antes de hablar de eliminar estos dos obstáculos (o, al menos, de reducirlos), entienda que, de acuerdo con nuestros instintos primarios que se han desarrollado durante millones de años, nuestros cerebros están programados de tal manera que es difícil empezar a actuar al menos que sintamos algún nivel de estrés o de ansiedad.

Simplemente nos desempeñamos mejor cuando estamos estimulados a actuar (en el aburrimiento e incluso en la felicidad, podemos ponernos letárgicos).

Y, por supuesto, es casi imposible eliminar todo el estrés o la ansiedad en la vida.

Por lo tanto, es prudente poder simplemente manejar nuestras emociones y la forma en que reaccionamos ante el estrés y la ansiedad en nuestras vidas.

Una manera importante (pero, a veces, desafiante) de comenzar este proceso es reconocer cuándo estás pensando o hablando negativamente sobre ti mismo ... luego, elimínalo.

Los pensamientos autodestructivos, como "esto es demasiado difícil para mí", "no puedo hacer esto" y "no soy lo suficientemente bueno", son contraproducentes para ser eficientes y efectivos; y, trabajan en contra del buen manejo del tiempo.

En su lugar, concéntrate en lo que puedes hacer, incluso si eso significa dividir lo que estás haciendo en partes más pequeñas. Además, recordar lo que has hecho en el pasado: es una forma de animarse a sí mismo de que puedes lograrlo nuevamente.

Además, entender que los planes cambian, que cosas suceden (como distracciones u obstáculos). No seas tan duro contigo mismo cuando demoras un poco más en cumplir tus objetivos. En su lugar, permítelo. Prepárate con tiempo de sobra para realizar la tarea en cuestión con el entendimiento de que te llevará más tiempo de lo que originalmente planeaste.

Y, finalmente, no dejes que la negatividad de los demás te desanime. Las personas en nuestra vida, a veces, pueden decirnos que no podemos hacer algo, que es imposible, o incluso que no somos lo suficientemente buenos. Filtra ese tipo de cosas y no dejes que te afecte.

Cuando llevas el mundo sobre tus hombros, es más difícil avanzar.

Relájate, respira profundamente y concéntrate en el proceso paso a paso para lograr tus metas.

Capítulo 2 – Salud y Bienestar

Es posible que no te des cuenta de esto, pero tu salud y bienestar desempeñan un papel importante en tu capacidad para desempeñarte de manera eficiente y efectiva.

El sueño adecuado, la nutrición y la hidratación son factores importantes que afectan la capacidad de tu cerebro para procesar información y la capacidad de tu cuerpo para realizar las funciones necesarias.

Por lo tanto, es prudente que iniciestu proceso de administración del tiempo asegurándote de que estas cuidando tu salud.

Pero, debido a que eres único, tu equilibrio personal de salud es algo que tendrás que descubrir por ti mismo: algunas personas necesitan dormir más que otras; y, la recomendación dietética para cada persona es diferente.

Dormir y Descansar

Dormir adecuadamente es un factor

importante en la productividad, la eficiencia y la efectividad, así como el pensamiento estratégico, todo esto es relevante para el manejo del tiempo.

Si no cuentas con el sueño adecuado, tu capacidad para planificar y realizar tu trabajo se verá muy reducida en comparación con el nivel óptimo.

De hecho, según <u>WebMd</u>, "la somnolencia puede dañar su juicio, rendimiento en el trabajo, estado de ánimo y seguridad".

Esto también incluye tomar descansos cuando sea necesario. Si le das a tu cuerpo y/o cerebro la oportunidad de descansar y reenfocarse, descubrirás que puede ser mucho más productivo durante sus actividades.

Cuanto menos duermas y descanses, menos tiempo tendrá tu cuerpo y tu cerebro para recuperarse. La peor parte es que esto puede crear un efecto de bola de nieve:

Si estás demasiado cansado, puede llevarte más tiempo realizar las actividades y tareas que tienes pendientes. Cuando tomas más tiempo para realizar estas actividades y tareas, tienes menos tiempo para descansar. Cuanto menos tiempo tenga para descansar, más cansado estarás; y, el ciclo continúa.

En resumen, dormir bien aumenta tu capacidad de atención, concentración, creatividad, toma de decisiones, habilidades sociales y salud física y mental en general.

Por lo tanto, es increíblemente importante asegurarse de tener tiempo para descansar (incluso en forma de pequeños descansos) y tiempo para dormir apropiadamente de forma programada dentro de tus actividades diarias y semanales.

Nutrición e Hidratación

Cuando se trata del manejo del tiempo, garantizar que tu cuerpo reciba el combustible adecuado desempeña un papel importante en su capacidad para elaborar estrategias, planificar y seguir adelante.

De hecho, según un artículo de <u>Harvard Business Review</u>, "la comida tiene un impacto directo en nuestro rendimiento cognitivo, por lo que una mala decisión en el almuerzo puede cambiar el transcurso de toda una tarde".

Recuerda que la buena comida nutre el cuerpo y le da poder a la mente para que sea más fuerte. Esto también incluye la hidratación: asegúrese de consumir suficiente agua (o fluidos en general) para mantener su cuerpo y su cerebro hidratados. También puede buscar alimentos que le permitan a su cerebro y su cuerpo funcionar mejor para las tareas con las cuales tiene que lidiar.

Una mente fuerte es más capaz de crear estrategias (y sobrellevar) con el manejo adecuado del tiempo y ayuda a estimular un rendimiento más eficiente y eficaz.

Una dieta bien balanceada, con las vitaminas adecuadas para el mejor desempeño de tu propio cuerpo es un elemento clave para asegurar que tu mente esté preparada adecuadamente para las actividades de su día.

Esto puede (y debe) incluir bocadillo pequeños y saludables durante todo el día, ya sean verduras frías, galletas o barras saludables, frutas o incluso batidos y bebidas con vitaminas.

Esto también incluye evitar los alimentos poco saludables, el consumo excesivo de azúcar, el consumo de bebidas energéticas no naturales y el consumo excesivo de cafeína (que puede provocar un colapso más tarde en el día).

Hay muchos recursos de nutrición que tienes disponiblesde forma gratuita, o puede consultar con tu médico de preferencia para conocer las mejores alternativas dietéticas en tu caso.

Ejercicio

Ya sea que te guste hacer ejercicio o no, los estudios han demostrado que el ejercicio regular ayuda a estimular la mente para un mejor rendimiento. Las endorfinas y el aumento del flujo sanguíneo ayudan a estimular la función del cuerpo y el cerebro.

Por el contrario, la falta de ejercicio puede provocar depresión y letargo, los cuales son contraproducentes para ser eficaces y eficientes. Una falta prolongada de ejercicio puede llevar a la pereza o la salud (o ambas cosas). Y, a la larga, ninguno de los dos te beneficiará.

Por lo tanto, asegúrese de que está programando algún tipo de ejercicio en su rutina diaria y/o semanal. Y eso no significa necesariamente que tienes que ir al gimnasio o correr una maratón.

Puede ser tan simple como subir las escaleras en lugar de utilizar el ascensor o la escalera mecánica cada día. Puede incluir estacionarse más lejos del edificio, lo que obliga a caminar un poco más hacia la escuela o el trabajo. O, puede significar caminar o tomar una bicicleta en lugar de un automóvil o transporte público.

Sin embargo, puedes incorporar algún tipo de actividad física en tu rutina diaria, lo cual te beneficiará enormemente.

Y, si su rutina ya incluye ejercicio diario, siga así.

Hora del día

En primer lugar, cada ser humano tiene un período óptimo de trabajo en el día. Algunas personas trabajan mejor en las mañanas, otras en la tarde y otras en la tarde y otras inclusive hasta tarde en la noche.

Descubrir tu propio tiempo período óptimo de trabajo te permite programar mejor las tareas que más te interesan.

Si, por ejemplo, trabaja en una oficina de 8:00 am a 5:00 pm, con un descanso de 1 hora para el almuerzo, puedes determinar por ti mismo si trabajas mejor en la mañana o en la tarde.

Si es la mañana, entonces puedes cumplir con las tareas más intensivas antes del almuerzo y puedes programar todas las reuniones, las llamadas y las respuestas por correo electrónico para la tarde. Del mismo modo, si es en la tarde.

En cualquier caso, es mejor *no* programar las actividades menos intensivas, como contestar correos electrónicos básicos y devolver llamadas no esenciales, durante los momentos menos productivos del día.

Entorno y ubicación

Para muchas personas, un lugar de trabajo en el cual desempeñarse no es un factor negociable, así como si fueras un atleta, un artista o un trabajas en algo que cuenta con una ubicación establecida.

Pero, si tienes la oportunidad de cambiar tu lugar de trabajo, podrías ser capaz de descubrir el entorno óptimo, especialmente si puedes cambiar lo que ves y oyes.

Esto puede ser tan simple como mover a otro lugar los objetos que tienes en la oficina para cambiar lo que se ve cuando levantas la vista en tu escritorio. Tal vez, esto significa cambiar la ubicación de tu espacio de trabajo de una habitación a otra. Y esto podría ser tan importante como cambiar tu trabajo por completo a una nueva compañía, ubicación o posición.

Solo tú puedes determinar dónde trabajas mejor. Y, donde trabajas mejor es un factor importante en la eficiencia y la eficacia de tu manejo del tiempo.

Si tienes la oportunidad, intenta mudarte a otra oficina, una sala de conferencias o a una aula vacía para ver si eres más productivo que en tu ubicación actual.

Nuestra mente es estimulada por lo que vemos. Por lo tanto, algo tan simple como colgar un póster o una imagen de uno de sus destinos favoritos, o de un lugar pintoresco (como un paraíso tropical, una isla remota o la cima de una montaña) puede crear una sensación de paz subconsciente cada vez que lo vemos.

De hecho, incluso podrías guardar una imagen en tu bolsillo trasero de algo que te haga sonreír o te alegre; sácalo cuando necesites un poco más de estimulación o inspiración.

Ambiente y Zona de Confort

Este es uno de los elementos más importantes para el manejo del tiempo y la productividad: encontrar tiempo para realizar tus tareas y responsabilidades en tu zona de confort personal.

La zona de confort personal es única para cada una de las personas... no hay una receta única para poder definirla.

Pero, HAY elementos en tu zona de confort que podemosmencionar para ayudarte a descubrir dónde y cómo funciona mejor para ti.

El ruido (o la falta de ruido) puede desempeñar un papel importante en tu entorno ideal.

Algunas personas prefieren tener música

de fondo o escucharla con auriculares.

Otros prefieren el ruido blanco, como el sonido de las olas, las tormentas eléctricas y la lluvia, o simplemente estática. Y otros funcionan mejor en completo silencio.

Si bien esto no siempre es posible, en cualquier momento en que puedas manipular el sonido en tu entorno hasta que está llegue a ser tu zona de confort personal, verás que tu eficiencia y eficacia aumentan. Y, cuando sea posible, programa las tareas y actividades más desafiantes cuando puedas efectuarlas en el momento en que te encuentres en tu entorno ideal con el ruido adecuado para ti.

Deberás determinar bajo tus propios criterios qué elementos, tanto de tu ubicación como de lo que ves y escuchas en el fondo, funcionan mejor para ti.

Toma en consideración que tu zona de confort no se limita al entorno que lo rodea, sino que **también incluye tu estado mental.**

Un entorno ideal es aquel en el que puedes mantener tu mente en un estado de manejo y determinación para lograrlo. Es increíblemente valioso encontrar una manera de mantener tu mente enfocada en las tareas que tienes que atender sin permitir que las distracciones interfieran en llevarlas a cabo.

Cuando pueda estar en un entorno que te brinde tranquilidad mental y te haga sentirte motivado, verás que tu desempeño es mucho más eficiente y eficaz.

Mantén tu cerebro en forma

Los estudios han demostrado que un cerebro más saludable y mejor utilizado puede realizar tareas diarias mejor que un cerebro que nunca ha sido desafiado.

Y, no hay una ciencia exacta para esto … pero, a medida que alcanzamos la edad de 30 y nos movemos a los 40, 50 y 60, nuestro cerebro, al igual que nuestro cuerpo, no es tan fuerte, tan rápido ni tan agudo como una vez fue.

Por lo tanto, los servicios de entrenamiento mental en línea, como Lumosity, pueden contribuir de forma significativa a tu eficiencia y eficacia en general, así como también a ayudarte a planificar mejor tu manejo del tiempo.

Se han publicado varios estudios sobre la capacidad de un entrenamiento cerebral para mejorar habilidades clave como la memoria de trabajo, la atención visual y la función ejecutiva en personas de diferentes edades y de diferentes orígenes. Se centra en el principio de neuroplasticidad: el cerebro cambia constantemente en respuesta a diversas experiencias.

Nuevos comportamientos, nuevos aprendizajes e incluso cambios ambientales pueden estimular al cerebro a crear nuevas vías neuronales o reorganizar las existentes, y alterar fundamentalmente la forma en que se procesa la información.

Esto es exactamente lo que el entrenamiento cerebral pretende lograr: *Procura ayudar a tu cerebro a crear nuevas vías al empujar tus habilidades cognitivas por encima y más allá de tu zona de confort.*

Y notarás que, en cuanto más practiques, más capaz será tu cerebro para realizar funciones cognitivas que antes parecían ser un desafío. Es por ello que has logradocrear más vías neuronales y una mejor conexión entre tu cerebro y tus dedos en el teclado.

Aprende cosas nuevas

Al igual que mantener tu cerebro en forma, es importante estimular tu cerebro con nuevos procesos (no solo información nueva).

Ya sea aprendiendo un nuevo idioma, un nuevo juego, un nuevo concepto o una nueva forma de hacer algo familiar, este tipo de estimulación cerebral mantendrá tu cerebro funcionando.

Cuando aprendes algo nuevo, tu cerebro, de hecho, cambia realmente al formarse nuevas conexiones entre las neuronas. Y, en realidad, puede facilitarte la vida en otras áreas.

Estos son algunos de los beneficios que obtienes de aprender algo nuevo:

1. El aprendizaje en una amplia gama de temas puede ayudarte a tener una mejor perspectiva de lo que está inmediatamente frente a suyo.

2. Un conocimiento más amplio puede ayudar a estimular nuevas formas de pensar, desencadenar inspiración, e inclusive, ayudarte a ser más eficiente en las tareas o actividades en cuestión.

3. El aprendizaje puede ayudarte a una mejor adaptación a la situación actual.

Capítulo 3 – Productividad

Comprender tupropio nivel de productividad te ayudará a definir mejor cómo administrar de manera más eficaz tu tiempo.

Tu productividad es simplemente la cantidad de tareas, actividades y acciones que puedes realizar en un período de tiempo, y la forma en que cumples con dichas tareas, actividades y acciones.

Cuando puedas aumentar o mejorar tu productividad, verás que tu carga de trabajo disminuirá, turendimiento aumentará y tendrás la posibilidad de que tus ingresos aumenten.

Hay muchas maneras de aumentar o mejorar tu productividad, las cuales no podremos cubrir en totalidad en este libro. Sin embargo, te presentamos algunas tácticas que pueden ayudarte a ser más productivo.

No pierdas tu tiempo

Por simple que parezca, muchas personas son víctimas de su propia pérdida de tiempo. La cantidad de tiempo que uno pasa revisando y revisando las redes sociales, el correo electrónico, los mensajes de texto y otras influencias de distracción están directamente relacionadas con la productividad de esa persona cada día.

Deja de insistir en los problemas, enfóquese en las soluciones

Una de las mejores maneras de ser más productivo es enfocar tus pensamientos en cómo superar los obstáculos en lugar de reflexionar sobre cómo los obstáculos están interfiriendo con tu productividad.

Cuanto menos tiempo pases preocupado o ansioso por un problema, más tiempo podrás dedicar a resolverlo de manera productiva.

Hay una diferencia entre estar ocupado y ser productivo

Las personas que solo están preocupadas por estar "ocupadas" tienden a enfatizar cuán ocupadas están realmente. Aquellos que son productivos encuentran el tiempo necesario para llevar a cabo las tareas y actividades que necesitan completar.

Las personas que están ocupadas llenan su

agenda con tareas que no necesariamente logran nada significativo y que rara vez trabajan para alcanzar sus objetivos finales.

Las personas productivas toman en consideración si una tarea los llevará hacia su objetivo final, o si se pueden dejarlas de un lado para dedicarse a tareas más importantes.

Mantente productivo y trabaja hacia tus objetivos finales: estar "ocupado" muchas veces solo te impide llegar a la meta.

Practica hasta que se convierta en una segunda naturaleza

El viejo dicho que dice "la práctica hace la perfección", aunque no es del todo cierto, ya que la perfección es imposible, es un concepto básico de productividad que tiene evidencia científica.

Se ha dicho que, para ser un experto en algo, deberías dedicarte a dicho comercio o actividad por aproximadamente 10,000 horas.

De hecho, según Harvard Business Review, "De manera consistente y abrumadora, la evidencia demostró que los expertos siempre se hacen, no es algo con lo que se nace". Y, si bien, ser un perito puede que no seatu objetivo final, la habilidad que tendrás en una actividad se encuentra en el medio de 0-10,000 horas. En otras palabras, cuanto más tiempo pasas practicando, mejor y más competente serás.

Obténrealimentación de persona cualificadas

Obtener comentarios constructivos, e incluso críticas constructivas, de individuos calificados que están familiarizados y experimentados con las tareas o actividades que buscas lograr,es una forma segura de mejorar tu propio rendimiento y productividad.

Entre más cantidad de comentarios productivos puedas obtener, mejor podrásevaluar tu propio desempeño y tomar las acciones necesarias para mejorarlo.

Solo ten en cuenta que buscas un entrenador no un crítico: los comentarios siempre deben ser constructivos, no degradantes.

Si no puedes obtener una respuesta directa de una persona calificada, puedes adoptar un enfoque indirecto:

Compara tus esfuerzos con los de otra persona que realiza la misma actividad (ya sea que lo efectuó o lo está efectuando).

Al analizar factores como el tiempo que se invirtió para completar la tarea, los resultados que se obtuvieron, cuáles fueron los pasos a seguir y la calidad del resultado final, puedes comparar tu desempeño con los de la otra persona y asegurarte de que logras ser lo más eficiente y eficaz posible utilizando tus propios métodos.

Solo asegúrate de no pasar demasiado tiempo comparando tu desempeño con el de otros, y no permitas que los sentimientos de inferioridad (si fuese el caso) afecten de forma negativa tus pensamientos.

Simplemente hazlo

Claro, algunas tareas y actividades requieren de una planificación cuidadosa. Pero, evite quedar atrapado en un bucle de preparación.

En lugar de eso, actúe. Hazlo. Toma el control de la situación y comienza a trabajar hacia la meta.

A veces, es más fácil corregir los errores y las faltas durante el proceso en lugar de pasar una cantidad excesiva de tiempo tratando de ser perfecto.

Capítulo 4 – Organizar, Planificar, Programar, Priorizar

Hay una línea delgada entre el equilibrio adecuado de la organización y planificación y pasarse de la raya con la planificación, lo cual termina desperdiciando su tiempo.

Hay tres objetivos clave para organizar, planificar, priorizar y programar:

1. DEFINIR qué tareas hay que realizar
2. DETERMINAR el orden para realizar estas tareas.
3. CREAR un plan de acción para realizar estas tareas.

Así de simple puede ser esta fase. Cuando se complica demasiado con la priorización o se pasa demasiado tiempo planificando, se puede perder un tiempo valioso en el desempeño real.

Por lo tanto, es importante ser rápido, preciso y eficiente con el proceso.

El primer paso, por supuesto, es definir qué se necesita hacer. Puedes crear una lista, si así lo prefieres, de todas las tareas que debe realizar en el siguiente día, semana o mes.

Asegúrate de no quedar atrapado en solo ser un creador de listas.

A veces, nos sentimos obligados a crear listas de "cosas pendientes" que simplemente nos dicen que hagamos una lista anterior para "cosas pendientes". O bien, podemos dedicar tanto tiempo concentrados en lo que tenemos que hacer que nos quedamos sin tiempo para hacerlo.

Manténgase dentro de lo razonable y permita que la lista viva por sí sola con el tiempo; se ajustará a medida que pasen los días o las semanas, y a medida que se agreguen o realicen más tareas.

El segundo paso es decidir cuáles son apremiantes y urgentes, cuáles son importantes y cuáles se puede hacer en cualquier momento. Organícelas de una manera que tenga sentido: las tareas más urgentes primero, las tareas importantes cerca de la parte superior y todo lo demás cerca de la parte inferior.

Cuando priorice, tómese un momento para crear algunos escenarios de si… o

entonces...

Asegúrese de tener en cuenta lo que significará si no cumple con una tarea determinada de inmediato.

¿Hay algún inconveniente?

¿Hay repercusiones?

O, ¿todo estará bien si te lleva más tiempo completar la tarea?

Cuando pueda sopesar los costos y los beneficios de completar ciertas tareas en un período de tiempo determinado y luego compararlos con otras tareas que deben completarse, tendrá una mejor comprensión de cuáles son los de mayor prioridad.

Luego, decida cuándo y cómo va a realizar estas tareas. Muchas veces, es importante escribir este plan de acción: ya que es algo a lo cual puedes referenciar más adelante, sirve como un recordatorio y tiene como efecto un sentir de decisión en tu mente.

Tu plan de acción puede ser tan simple como una lista de tareas, según el orden en el cual tengan que ser ejecutados, como una lista detallada de cuándo, dónde y cómo llevar a cabo dicha tarea.

También es muy importante que te asegures tener programando el descanso, la nutrición y las recompensas adecuadas durante un período de tiempo para que puedas recuperarte, reponerse y mantener un alto nivel de motivación.

Una vez que tenga el plan de acción (o, 'lista de tareas') en frente, muchas veces la tendencia general es hacer el trabajo más fácil primero y luego trabajar en las tareas más difíciles. Ya que nosotros, como sociedad, generalmente buscamos tener recompensas frecuentemente o gratificaciones, nos gusta marcar las cosas simples de la lista primero, lo cual nos ayuda a sentir que hemos logrado algo al ver que las viñetas se cruzan.

Sin embargo, durante ese mismo proceso, perdemos nuestra capacidad de rendir a nuestro máximo nivel ya que comenzamos a tener cansancio mental y/o físico. Y, cuando es el momento de realizar las tareas más complejas o desafiantes no nos queda nada o nos queda muy poca energía para completarla, empezamos a tener un poco de letargo, lo que nos hace posponer las cosas o simplemente postergarlas para realizarlas en otro momento.

En su lugar, intente hacer lo contrario: aborde las tareas más difíciles cuando tenga la mayor energía y así permitirás que tu día avance en las tareas y responsabilidades que requieren menos esfuerzo a medida que tu energía vaya drenando en el transcurso del día.

Sea ambicioso

Desafíate a ti mismo para lograr ciertas cosas en un período de tiempo. Fuérzate para irmás allá de tus propios límites un poco. Dale la oportunidad a sentir motivación creando un poco de presión para completar tus tareas.

Mantente motivado aplicando un pequeño sentido de urgencia. Y, asegúrese de mantener tu mente estimulada

manteniendo las cosas en movimiento.
Sin embargo...

Asegúrate de ser realista en tu horario.

A veces, la ambición puede ser un poco desenfrenada, y creemos que podemos lograr más de lo que haremos en un día. Asegúrate de darte tiempo para interrupciones, correcciones y obstáculos.

Si bien nuestro objetivo es ser lo más eficiente posible, la mayor parte del tiempo no podremos serlo. Permítelo.

Cuando estableces objetivos realistas, tienes una gran posibilidad de lograrlos en el período de tiempo establecido.

Cuando estableces objetivos poco realistas, hay una gran posibilidad de que no puedas completas las tareas que tenías propuestas y, por ende, te sientas decepcionado.

Hay un equilibrio cuidadoso entre un horario saludable y desafiante y quel que está sobrecargado y más bien, abrumador.

Prueba el ejercicio de las dos horas.

El simulacro de dos horas funciona de esta forma:

"Si solo tengo dos horas hoy para lograr

algo o algunas cosas, ¿qué haría y por qué?"

Es posible que te sorprendas de cómo cambian tu orden de prioridades al poner solo un tiempo limitado para realizar las tareas o actividades. Es una excelente manera de verificar tu lista de prioridades.

Sin embargo, ten en cuenta que el simulacro de dos horas no debería consumirte mucho tiempo, solo unos pocos minutos. Por lo tanto, asegúrate de no pasar demasiado tiempo en este proceso de verificación.

Capítulo 5 – Concentración

La concentración es simplemente tu capacidad de mantener la atención y energía en una actividad, meta, objetivo, tarea o idea específica durante un período de tiempo prolongado.
Y, una cosa es segura: puede ELEGIR enfocarse en sus objetivos ... o distraerse con los desafíos y obstáculos.
Puedes dejarte abrumar por el ver el cuadro completo ... o puedes tener la mente enfocada en punto por punto, marcando uno tras otro de la lista de pendientes para lograr el objetivo.
Claro, la mayoría de los entrenadores y gurús de éxito hablan de crear un "tablero de sueños" y de "centrarse en lo que quieres para crear tu propia realidad"; pero, muchos se rehúsan a incluir el paso más práctico (y necesario), el cual es crear y organizar una manera de lograr esa meta paso por paso.
La clave es enfocarse en lo que se necesita hacer con tal de llegar a donde quiere, y no permitir que el, por observar el cuadro

completo, te abrume en el proceso.

Y, cuando combinas este enfoque con la acción, te darás cuenta que tu vida realmente comienza a alinearse en la dirección correcta.

Por supuesto, esto probablemente no suceda de la noche a la mañana.

Requiere de práctica; de prueba y error; y, en ocasiones tendremos fallos ocasionalmente que nos servirán para aprender y comprender los próximos pasos que debemos efectuar.

Si te apegas a tu plan personal y te mantienes enfocado, es muy probable que notes el avance que has tenido, y serás mucho más competente creando un plan al cual te puedas apegar de acorde con tu manejo del tiempo.

Otra práctica útil para mantener el enfoque es la visualización. Cuando logras visualizar o imaginar los resultados que de lograr tu (s) objetivo (s), ya sea la recompensa al final, el sentido de logro o el alivio, puede ser más fácil para que mantengas el enfoque en lo que necesitar hacer.

Verte a ti mismo anotando el punto ganador, obtener una calificación alta en un examen o informe escolar, o entregar el justo el resultado que tu jefe estaba esperando en el trabajo puede crear un sentido adicional de concentración y diligencia en las tareas que tienes delante. Y, puedes estimular ese sentido visualizándote después de completada la tarea o actividad que tienes enfrente.

Esto es lo que muchos atletas y artistas exitosos hacen justo antes de actuar: pueden ver el resultado de su propio éxito antes de tiempo y simplemente enfocarse en los pasos para lograr ese resultado.

Este enfoquetambiéntiene el propósito de ocupar tu mente y evitar que las dudas, los temores y las inhibiciones te cohíban.

Cuando pierdes el enfoque, la duda puede comenzar a invadir tus pensamientos ... y, eventualmente, tu rendimiento.

Por lo tanto, es vital que mantengas el enfoque en tus metas, los objetivos a corto y largo plazo, en los resultados finales y, luego, directamente en los pasos que debe seguir para lograrlos.

Capítulo 6 – Motivación personal, Autodisciplina y Dedicación

Para ser sincero, la efectividad con la que planeas administrar tu tiempo carece de sentido sin la motivación y la disciplina correctas para llevarlo a cabo. Si no estás comprometido a los planes para cumplir con los deberes y tareas que tienes pendiente, ni toda la planificación en el mundo hará alguna diferencia.

Por lo tanto, es muy importante mantener y alimentar la motivación personal, la autodisciplina y la dedicación.

Afrontémoslo: somos un mundo de gratificación instantánea. Y, nuestros cerebros ahora están (en su mayoría) predispuestos para la satisfacción inmediata y las recompensas rápidas; gran parte de la culpa se la podemos dar a las redes sociales.

La buena noticia es que hay algunos trucos que puedes implementar para estimular y alentar tu motivación personal cuando carecemos de esta.

Por lo tanto, un pequeño truco que puedes

aplicar es lograr esa necesidad de sentirse gratificado o satisfecho con los pequeños logros.

Por ejemplo, puedes crear mini recompensas para ti mismo al completar una etapa de una tarea o deber. Pueden ser tan simples como un trozo de chocolate al completar una página de un informe escolar o una hoja de cálculo de trabajo, o algo más grande como tomar unas merecidas vacaciones después de completar una importante meta profesional.

No importa qué tan grande o pequeño sea el logro o cuál sea la recompensa (siempre y cuando sea algo que te guste), la clave aquí es simplemente crear un incentivo para continuar cumpliendo con las tareas o deberes que se tienen.

Un poco menos ideal, también podría ser en centrarse en cuál sería el resultado negativo se deja de cumplir con la tarea asignada. Quizás la posibilidad de reprobar una materia en la escuela, perder el empleo u otro evento que afecte tu vida te pueda motivar a completar lo que tienes al frente.

Otro enfoque es ampliando los esfuerzos y la mente al completar algo fuera de lo normal para ti y de tu zona de confort.

Esto no tiene nada que ver con cumplir las tareas que tienes pendientes, más bien, se trata de encontrar un medio que te inspire y revigorice el ambiente en el cual estás, por medio de estimulación emocional, mental y física.

Esto podría ser tan simple como cepillarse los dientes o peinarse el cabello con la mano no dominante. También podría ser más desafiante, como caminar o trotar una distancia mucho más lejos de lo que acostumbras usualmente.

Explora una parte de tu ciudad, pueblo o aldea que nunca has visto. Realiza un corto viaje de fin de semana a un lugar donde nunca has estado. Habla con alguien desconocido en la calle, en el transporte público o en el edificio de su escuela u oficina.

Haz algo que encienda tu adrenalina o haga que la sangre se acelere: ve a ver una película aterradora o emocionante; subir a la cima de una montaña o edificio; asista a un evento deportivo emocionante o a cualquier otra cosa que pueda encender su energía interna.

Todas estas actividades fuera de tu zona de confort personal pueden hacerte sentir adrenalina y endorfinas, las cuales ayudan a revitalizar tu mente y espíritu, y reavivar el fuego que necesita para continuar con las tareas o deberes que tienes a mano.

Tómese el tiempo para reconsiderar y apreciar lo que has logrado hasta este punto.

Una buena manera de mantenerse "en el juego" motivado y con la dedicación requerida es recordar los éxitos que has conseguido en el pasado, especialmente cuando el progreso se ralentiza o conlleva más tiempo del esperado para alcanzar el próximo paso que se tenía previsto.

A veces nos sentimos frustrados o decepcionados por nuestras fallas (o, las que parecen ser fallas), y esto puede reducir nuestro impulso para continuar. Y, esto es cuando es más importante centrarse en lo que se ha logrado y/o lo que puede lograr a continuación.

Cuando te enfocas en tus fracasos, te preparas para tener más fracasos potenciales. De hecho, el que te enfoques en tus fracasos y decepciones puede y hará que pierdas el enfoque en las cosas más importantes, como en cuáles son los próximos pasos y el logro que obtendrás al completarlos.

Capítulo 7 – Realizando múltiples tareas

La multitarea es la capacidad de pensar y realizar múltiples tareas, deberes o acciones al mismo tiempo. Puede que estés familiarizado con la escena de alguien caminando y masticando chicle al mismo tiempo, eso es una forma básica de realizar múltiples tareas.

El problema con la multitarea es que el cerebro consciente no puede concentrarse en una tarea o acción en particular a la vez. Si, mientras el cerebro consciente está enfocado en esta tarea o acción, y el cerebro subconsciente no es capaz de realizar efectivamente la segunda tarea o acción (a veces llamada "memoria muscular"), entonces esencialmente podría tomar más tiempo completar ambas tareas al mismo tiempo de lo que sería completarlas una a la vez.

La multitarea también puede aumentar la probabilidad de faltas o equivocaciones si no se realiza de la forma correcta. Cuando su atención se divide en dos o más direcciones a la vez, existe una mayor probabilidad de que se pasen por alto los detalles, en muchas ocasiones, sin siquiera estar consciente de ello.

Y, se ha demostrado que la multitarea consume energía del cerebro más rápidamente que enfocándose en una tarea o acción a la vez. Por lo tanto, la fatiga puede entrar en juego, frenando su capacidad para funcionar de manera eficiente y efectiva hasta que logres obtener el descanso necesario.

A medida que aprendas más habilidades, tu mente se expande a través de más conexiones entre las neuronas de tu cerebro. Y, a medida que esas conexiones se hacen más fuertes, menos esfuerzo harán al pensar en lo que está haciendo.

Cuanto menos tenga que pensar en lo que está haciendo, más fácil será realizar múltiples tareas.

Un elemento clave para que puedas practicar y entrenar para realizar múltiples tareas de manera efectiva es tomar notas o llevar un registro diario. Toma notas de las ideas que se te vienen a la mente, lo cual te distraerá de lo que esté demandando tu atención en el momento. Y mantén ese registro diario de lo que has completado en comparación con lo que todavía necesita completar.

Estas dos actividades por sí solaste ayudarán a mantener la organización sin quitarle energía cerebral durante el tiempo de desempeño y acción. También te ayudarán a asegurarte de que no estás ignorando o omitiendo ningún paso o detalle.

Adicionalmente, cuando intentes realizar múltiples tareas, haz tu mejor esfuerzo para agrupar las tareas similares y relacionadas (que no tengan ningún conflicto entre sí). Lo cual le ayudará a tu cerebro ano gastar demasiada energía cambiando entre un proceso y otro.

Otra táctica para realizar múltiples tareas es combinar tareas que no usan mucho poder mental. Las tareas que no requieren concentración completa, no son propensas a errores vitales y / o que son relativamente simples le permiten realizar múltiples tareas con el mínimo riesgo de errores o fallas.

También puedes cronometrar tus tareas para que puedas panificar los descansos necesarios entre una tarea y otra.

Pero recuerde que el cerebro y su concentración activa en realidad solo pueden concentrarse en una cosa a la vez.

Por lo tanto, es mejor concentrarse en una tarea por completo, luego pasar a la siguiente y concentrarse en ella completamente, incluso si estás trabajando en ambas en el mismo período de tiempo.

Si cambias de un lado a otro rápidamente, corres el riesgo de cometer errores Y puedes consumir bastante energía cerebral. Por lo tanto, tómate el tiempo suficiente para poder asimilar y mentalizarse en las tareas alternas, y no pongas demasiada presión para lograr mucho, en poco tiempo.

Todo se trata de ser equilibrado.

Capítulo 8 – Apalancamiento

Uno de los elementos clave más importantes para una el manejo del tiempo eficaz y eficiente es el apalancamiento. El apalancamiento significa básicamente hacer mucho con poco para obtener la máxima ventaja.

Cuando puedes combinar, no solo sus propios esfuerzos, sino los esfuerzos de alguien o algo (computadora, máquina, animal, etc.), puedes llegar a otro nivel en tu rendimiento y resultado que no lo hubieras podido hacer solo por tu cuenta.

Tomemos como ejemplo un granjero:
Unagricultortiene un campo grande y le gustaría plantar un cultivo. Antes de plantar, necesita labrarlo para preparar el suelo en el campo

Para hacer esto, pueden usar una azada, arrastrándola durante horas (o, días) caminando arriba y abajo del campo.

Sin embargo, hacerlo a mano no es el método más eficiente, incluso si es eficaz para crear los resultados deseados.

Como alternativa, el agricultor también

podría elegir que un caballo u buey tiren de un arado mucho más grande, lo que reduciría significativamente el tiempo que toma completar el turno. Este método también es efectivo y es mucho más eficiente que arrastrar una pequeña azada.

Una tercera alternativa sería usar un tractor con un arado grande en la espalda. Al igual que la segunda alternativa, este método es eficaz y mucho más eficiente que el primero.

Tanto la segundacomo la tercera alternativa se completan mediante el apalancamiento, aprovechando un animal o una máquina que puede hacer mucho más trabajo en un lapso de tiempo más corto que hacerlo a mano.

O, tomemos el escenario de que necesitas mover tus "cosas" de una habitación a otra (ya sea en casa o en el trabajo).

Podrías mover todos los muebles, decoraciones y otros artefactos tú mismo. O bien, puedespedirle ayuda a algún amigo, familiar o compañero de trabajo. Ambos seríanigualmenteefectivos, pero es muy probable que seas mucho más eficiente con la ayuda de otra persona.

Como fue el mismo caso del granjero, quién usó un animal o un tractor para arrar su campo, también estarías utilizando apalancamiento y liberando más de su propio tiempo en el proceso.

En algunas circunstancias, puedes considerar qué tareas pueden ser subcontratadas. Puedes considerar la inversión del tiempo de hacerlo por ti mismo frente la inversión de dinero que implicaría pagarle a alguien para que lo haga por nosotros.

Por supuesto, algunas cosas será mejor hacer las cosas tú mismo, pero muchas veces puedes pagarle a alguien para que haga el trabajo por ti, lo que te dará más tiempo para lograr lo que realmente consideres importante.

Un ejemplo simple de esto sería pagarle a alguien para que corte el césped o limpie tu casa. Otro ejemplo de subcontratación es pagarle a un contratista para que complete un informe, artículo u hoja de cálculo mientras te enfocas en otras tareas y responsabilidades.

Otro ejemplo podría incluir pagarle a alguien para que responda los correos electrónicos y las llamadas telefónicas (como un asistente virtual) para ahorrarle tiempo en filtrar las prioridades.

La subcontratación es una excelente manera de aprovechar tu tiempo, permitiéndote enfocarte en los problemas centrales, mientras que alguien más se encarga de los deberes y tareas menores que ocupan tu tiempo.

Pero, el apalancamiento no solo se limita a la asistencia física de alguien (o algo más). También puedes sacar provecho del conocimiento y la experiencia de otra persona, o incluso la sabiduría colectiva de muchas personas.

A veces, la mejor manera de completar una tarea u organizar tus prioridades es siguiendo el liderazgo de alguien que tenga experiencia en hacerlo. Otras veces, educarse a sí mismo a través del conocimiento de otra persona para así aumentar su eficiencia y eficacia.

Con la cantidad de información disponible hoy (a través de Internet, entre otros lugares) sobre una cantidad aparentemente ilimitada de temas, casi siempre es posible aprovechar el conocimiento y la experiencia de otra persona.

Repaso

Cada hora tiene 60 minutos, cada día tiene 24 horas y cada año tiene 365 días, sin embargo, está claro que algunas personas son mucho más productivas en el mismo período de tiempo que la mayoría del resto del mundo.

Si es como la mayoría del mundo interesado en aprender más sobre el manejo del tiempo, generalmente es porque quiere ser más eficiente con este y más efectivo con sus resultados.

La mejor manera de lograr esto es dar un paso más allá de las lecciones y prácticas convencionales de administración del tiempo y comprender cada uno de los siguientes aspectos:

No existe una talla única para todos

No importa lo que diga la sabiduría convencional o los libros de texto, no hay un método perfecto para administrar el tiempo. Al igual que cada ser humano es único, la percepción del tiempo y los conjuntos de habilidades también son únicos para cada persona.

Por lo tanto, es importante que puedas descubrir tu propio método único del manejo del tiempo basado en una adaptación de lo que has aprendido hoy. Toma el control de tu propia eficiencia y eficacia al encontrar tu propia zona de confort y un entorno óptimo para el rendimiento.

Sé capaz y responsable de tus propios resultados
Asumir la responsabilidad de tus propios resultados y acciones es la mejor manera de ser más eficiente: al aceptar que eres responsable de tus propias acciones (o, en su defecto, de ellas), puedes evaluar mejor lo que puedes y no puedes lograr dentro de un cierto período de tiempo.

La práctica ~~hace la perfección~~ te hace mejor
Aprender el manejo adecuado del tiempo no es un resultado instantáneo. Se require de práctica, diligencia y dedicación.

La práctica nos ayuda a completar una tarea mientras utilizamos menos energía y procesamiento cerebral activos, hace que las acciones sean más automáticas y permite el mejor potencial de la multitarea efectiva.

Con el manejo del tiempo, cuanto más trabajes para perfeccionar un proceso, mientras más repitas estas acciones, mientras más practique, te harás más capaz.

Cuida tu templo

La salud de tu cuerpo - y, más específicamente, de tu cerebro - es un factor vital para que seas eficiente y eficaz en tus actividades.

Haz todo lo posible para garantizar un flujo sanguíneo adecuado, estimulación sensorial, una buena alimentación e hidratación durante todo el día.

Haz ejercicio con regularidad, aprende algo nuevo con frecuencia y participa en ejercicios mentales (como el entrenamiento cerebral) que ayudarán a tu mente a continuar desempeñándose a su máximo potencial.

Asegúrate de obtener el descanso y el sueño recomendados para que tu cuerpo funcione correctamente. Y, tomadescansosregularmente.

Mantente positivo

Evite los pensamientos negativos y evite pensamientos como "No puedo hacer esto" o "No tengo suficiente tiempo".

La negatividad es un gran obstáculo que puede impedirle el desempeño más eficiente y efectivo.

Mantén tu vista en el premio y recuerda mirar atrás y apreciar lo que ya ha logrado.

Mantén tu enfoque

Ya sea en el objetivo final o en los pequeños pasos para llegar allí, concéntrate en lo que más importa: lo que está buscando lograr.

Reduce o elimina las distracciones (incluidos los pensamientos que distraen) siempre que sea posible. Y, haz tu mejor esfuerzo, por no permitir que las cosas que no sean importantes te distraigan.

Utiliza el apalancamiento cuando sea posible

Como cantaron los Beatles una vez, "salgo con la ayuda de mis amigos ..."

Y, aunque puede que no sean tus *amigos*

los que te ayuden, definitivamente quisieron transmitir este mensaje:

En cualquier momento que pueda utilizar la ayuda de otra persona (donde los beneficios superan el costo), ya sea físico, intelectual o emocional, descubrirás que puedes lograr mucho más de lo que puedes por tu propia cuenta.

Mantente motivado

Encuentra la forma de mantenerte "en el juego" cuando percibas que tu ambición y motivación están disminuyendo.

Siempre hay maneras de mantenerte motivado, como recompensarte por pequeños logros, recordarte los éxitos pasados, visualizar el éxito futuro y estimular tu adrenalina a través de actividades interesantes o atractivas.

Encuentre las formas que te funcionen mejor y mantente energizado cuando estés comprometidos con tareas menos emocionantes.

Manténgase productivo, no ocupado

Hay una gran diferencia entre ser productivo y estar ocupado. Concéntrate en tareas, acciones y actividades que te lleven hacia tus metas finales, en lugar de tareas que simplemente ocupan tu tiempo.

Cuanto más productivo seas, mejor podrás aprovechar las horas del día.

En conclusión

El manejo del tiempo comienza y termina contigo, y es tan buena como su implementación.

Toda la planificación en el mundo no hará una diferencia si no hay un seguimiento.

Eres la mejor herramienta para lograr un rendimiento eficiente y efectivo, y eres el mejor activo para administrar tu tiempo.

Parte 2

Introducción

La Administración del Tiempo no trata solo de administrar su tiempo. Trata de obtener lo que desea en su vida.

La delgada línea entre el trabajo y la vida diaria es una que muchas personas constantemente luchan por mantener. La administración del tiempo es extremadamente importante a fin de hacer que las cosas se hagan, darle a usted sentido de control y la vida que desea.

Lo sé porque he estado ahí. He estado en ese lugar en el que los años pasan y yo me he mantenido improductivo y distraído. Estaba trabajando, llenaba las horas pero, de alguna manera, nunca parecía ser suficiente. El tiempo siempre se me escapaba de entre los dedos como una nube de humo, sin nada que mostrar a cambio de mis horas de esfuerzo.

Sé de los sentimientos de insatisfacción que vienen con el trabajar y no lograr acercarse a la conquista de sus sueños. La vida se convierte en una montaña rusa de monotonía.

Me cansé de sentirme menos, y entonces busqué hacer algo para resolverlo al examinar críticamente mi tiempo, y los factores subyacentes que afectaban la forma en que lo usaba.

Y ahora, quiero compartir lo que he aprendido con usted.

¿Recuerda cómo crecimos con esas agradables historias? Tan agradables que simplemente las interiorizábamos y absorbíamos como si fueran en Santo Grial, la verdad última, sin preguntas o explicaciones. Bueno, pasa lo mismo con la mayoría de la información que ha leído sobre administración del tiempo.

Pero no se entristezca. Este libro ha sido escrito pensando específicamente en usted. Su propósito es ayudarle a maximizar las 24 horas de cada día porque, reconozcámoslo, la cantidad de veces que nos pasamos ansiosamente los dedos por el cabello al final de la jornada deseando que el número de horas de sol a sol se conviertan en 36 no lo lograrán.

El día, cada día, está rebosante de oportunidades al desnudo que solo están esperando por unas manos que las cosechen. Desafortunadamente, con demasiada frecuencia, estas oportunidades yacen inexploradas hasta la próxima vez, y entonces el ciclo continúa sin fin.

¿Por qué? Esto es simplemente porque el espíritu de la administración efectiva del tiempo no ha sido aprovechado ni preparado para ofrecer todo su potencial, de forma que muestre resultados tangibles.

Pero todo eso va a cambiar.

Solo necesito que haga algo. Puede ser difícil, lo sé: la eliminación consciente de creencias que se han tomado por verdades y la ecuanimidad para estar dispuesto a ver a través de otro par de lentes una realidad que es constante y parte diaria de nuestras vidas. Pero si hay algo que tiene una naturaleza constante en este mundo siempre cambiante en el que vivimos, es el cambio. ¿Y cuál es el propósito del cambio, sino abrir nuestros ojos interiores y nuestros corazones?

Entonces, quédese a mi lado. Valdrá la pena, ya verá.

Capítulo 1
Mito: Puede hacerlo todo usted solo

En algún momento de nuestras vidas nos hemos encontrado con el dicho, "dos cabezas piensan mejor que una". Aunque es una aseveración sencilla, es una con implicaciones muy profundas.

No puede enfatizarse lo suficiente la importancia de construir un equipo. Nuestras distintas experiencias forjan a las personas que somos. Nuestra base de conocimientos, habilidades y experiencia van a ser diferentes, de forma que una tarea que a un individuo le toma una hora completar, puede tomarle a otro unos veinte minutos.

Lo que me lleva a nuestro tema: nos estamos causando un daño infinito cada vez que intentamos hacer las cosas por nosotros mismos. Claro, eso significaría que todo el crédito por el trabajo hecho no va a ser compartido; pero también significa que se va a hacer menos en la misma cantidad de tiempo. Cuando el trabajo se comparte, se hace más rápido y generalmente, mejor.

El mundo está en constante cambio y los métodos de operación pasan por la fragua y se hacen mejores. La tecnología ha crecido a pasos agigantados y, con ella, formas más efectivas de administrar el tiempo.

La habilidad de automatizar procesos ha dado paso a un cambio significativo de paradigma. Tareas como enviar correos electrónicos recurrentes, pagar las cuentas y respaldar los datos, por mencionar unas cuantas, pueden automatizarse.

Para algunas personas, una gran parte del día se pasa ante una computadora; leyendo correos, marcando los relevantes como importantes, separando los correos en sus carpetas asignadas, borrar correos, contestar a un correo, y la lista sigue. Parece algo que puede hacerse *rápidamente*, pero antes de que se dé cuenta ya es mediodía y usted se pregunta, de repente, a dónde se fue la jornada.

Una solución sencilla es emplear las herramientas disponibles para llevar a cabo esos procesos, por tanto, anulando la necesidad del involucramiento humano directo.

La mentalidad que le dice a una persona que puede hacerlo todo es una primordial para retrasar el crecimiento. En los negocios e incluso en la vida, es importante el hacer uso de sus fortalezas y consolidarlas de forma que sean beneficiosas e induzcan al desarrollo. Subcontratar para que se realicen algunas tareas es una gran forma de administrar el tiempo. Como el propietario de un negocio, subcontratar las tareas administrativas le dará más tiempo para que se enfoque en hacer crecer su negocio y generar ganancias.

Y ni siquiera necesita mucho dinero para hacerlo. El internet se ha convertido en una parte intrínseca de nuestras vidas, de forma que usted puede estar en el Reino Unido y trabajar constantemente con alguien en Asia, por ejemplo. Es más, la responsabilidad adicional de los impuestos sobre la nómina, buscar un gran espacio para oficinas, seguro de salud y otros seguros para empleados se pueden sacar efectivamente de la ecuación todavía con beneficios para quien los desee.

El mero tejido de nuestra existencia como humanos dicta que nos necesitamos unos a otros para crecer y alcanzar nuestro verdadero potencial. Las posibilidades abundan, especialmente en el mundo de hoy. De forma que se convierte en una responsabilidad individual el ser perceptivo y tomar posiciones para obtener beneficio de ello.

"El trabajo en equipo es la habilidad de trabajar juntos hacia una visión en común, la habilidad de dirigir los logros individuales hacia los objetivos organizacionales. Es el combustible que permite a la gente común obtener resultados extraordinarios" – Andrew

Carnegie.

Él debe saber de lo que hablaba: fue un empresario que fue fácilmente uno de los más acaudalados y famosos en su época.

Capítulo 2
Mito: Para hacer más debe levantarse temprano

Otro mito de la administración del tiempo que ha permanecido por largos años es el que perpetúa la idea de que, de alguna manera, mientras pueda lograr levantarse temprano, su habilidad para realizar sus tareas será de primera y su talento para administrar el tiempo estará en el mismo lugar.

El simple hecho de que se levante tan temprano como las cinco de la mañana no se traduce a que signifique que será automáticamente más productivo que la persona que suele levantarse a las ocho. Porque aunque pueda estar despierto horas antes, ¿cuál exactamente es su aporte en esas horas?

Un estudio publicado en el 2011 en la revista *Thinking and Reasoning* destaca que "la clave para ser productivo y creativo es trabajar las horas que sean mejores para usted".

Algunas personas encuentran que el mejor momento para realizar tareas que consumen especialmente energía es en las mañanas, mientras que para otras puede ser en las tardes o las noches. Ese es el asunto: no está tallada en piedra la hora que pueda traducirse en un alza en la productividad.

Imagine a un escritor que se sienta, sus dedos listos sobre el teclado para redactar unahistoria a las cinco de la mañana, pero en cambio sueña despierto hasta las ocho, y otro que duerme hasta las nueve y se despierta revitalizado y con energía ilimitada para realizar la tarea del día. Al final, ambos podrán o estar parejos en el nivel de productividad, o incluso el último lo hará mejor, porque le dio al cuerpo tiempo suficiente para refrescarse.

El secreto de mejorar la productividad no es despertar temprano, sino más bien conocerse a sí mismo, comprender sus periodos más productivos y construir su programa del día de forma que maximice esos periodos.

De verdad no puede enfatizarse lo suficiente la importancia de un buen sueño para tener un día completo. Un estudio que se reportó en la revista *Sleep* indicó que dormir menos de cinco horas cada noche es una de las razones por las que los empleados faltan al trabajo por cuestión de enfermedad. La privación del sueño obstaculiza una buena salud con el correr del tiempo y reduce el nivel de productividad.

Un estudio en el 2011 también encontró que el sueño fortalece la "capacidad de memoria laboral", asociado con la resolución de problemas, vocabulario, toma de decisiones; todas las cuales son habilidades sociales necesarias para hacer el trabajo en tiempo récord.

Puede ser difícil desligar su mente del trabajo y de todas las cosas que deben hacerse, pero por el bien del mismo trabajo, tiene que lograrse. Vigile lo que introduce a su sistema, como comidas y bebidas, sea físicamente activo y no menos importante, aprenda a manejar el estrés. Absorba la simple verdad de que angustiarse sobre algo no hará que milagrosamente aparezca una solución.

Suéltelo, respire, descanse, relájese y duerma. Permítase ser, y observe cómo su nivel de productividad le sorprenderá incluso a usted.

50 Cent dijo una vez: "El sueño es para la gente que está en quiebra". Es pegadizo, ¿no? Hasta que se da cuenta de que tiene que estar vivo para hacer dinero y no estar en quiebra. Para estar vivo, tiene que cuidar de su salud, y una de las formas de hacerlo es respetar el derecho y necesidad de su cuerpo de dormir.

Es un ciclo en el cual un factor impacta a veces irreversiblemente al otro. Y me atrevo a decir que es bastante obvio.

Capítulo 3
Mito: Hacer multitareas es una idea terrible

Lo ha escuchado muchas veces. Lo ha leído muchas veces. El mal que es la multitarea y cómo tira su tiempo por el drenaje hasta que no queda nada tangible de él.

Pero, ¿es esto necesariamente la verdad?

No lo es. Porque, enfrentémoslo, la multitarea es una forma de vida para una buena cantidad de personas y principalmente la única forma de infundir un sentido de orden y de logros en cada día de trabajo.

Aunque es cierto que la multitarea puede llevar a una productividad en general reducida, también es cierto que la multitarea efectiva puede llevar a más trabajo completado en un periodo específico. La palabra clave aquí es efectividad, la cual es un derivado de la disciplina.

Mientras se realizan multitareas, es importante asignar un tiempo límite para cada una de ellas y seguir esa programación estrictamente. El truco es adjudicar tiempo suficiente para que la tarea no se complete pobremente mientras que se asegura que todavía haya suficiente tiempo para llevar a cabo otras que necesiten hacerse.

La multitarea conlleva una energía mental definida y la habilidad de ser capaz de cambiar el ritmo, quitarse la piel vieja y sumergirse en la nueva. ¿Qué estoy diciendo? Cuando complete una tarea, de verdad termine con ella y muévase a la siguiente. Pensar en una tarea que ya está concluida mientras trabaja en otra invariablemente malgastará su tiempo y le asegurará que no logre hacer nada.

También funciona programar tareas similares una detrás de la otra. De esa forma, incluso si su mente persiste en deambular ocasionalmente por una tarea ya concluida, no requerirá tanta energía mental y grandes montos de tiempo.

John Kounios, un profesor de psicología en la Universidad Drexel dice: "El acto de desplazarse mentalmente de un punto a otro puede engrasar las ruedas del pensamiento". Sorprendente, ¿no? que la multitarea, el cambiar de una tarea a otra pueda ayudarnos a olvidar las malas ideas. A veces, usted se encuentra atrapado en una tarea particular y pensando en ella una y otra vez. No es libre de continuar porque no ha encontrado la respuesta o aproximación adecuado.

El hacerse cargo de otra tarea puede ser un salvavidas porque permite a su cerebro la libertad de soltar su obsesión y enfocarse en algo distinto. En ese momento, es más fácil para ese ciclo seguir corriendo en el fondo de su cabeza hasta que encuentre la elusiva respuesta.

El autor y psicólogo investigador, Keith Sawyer, dice que las ideas creativas llegan a las personas que trabajan con distintas unidades organizacionales o a través de varios proyectos. Esto es porque incluso aunque usted esté ocupado, su mente es libre de hacer conexiones no anticipadas entre actividades que aparentemente no tienen relación entre sí.

Entonces, realice multitarea, pero mientras

esté en ello, encuéntrese alerta, conozca sus límites, relájese en cuanto a lo que hace y lo que intenta hacer.

Alcanzará a hacer más, pero lo que es más importante, lo hará en formas que le provean de una perspectiva fresca.

Capítulo 4
Mito: Trabajar más horas es la forma de hacer más

¿Se ha encontrado en una situación en la cual tiene mucho que hacer y, por tanto, asigna una buena cantidad de tiempo para completar esas tareas? Ahora, incluso después de que se han invertido largas horas en llevar a cabo dichas tareas, se encuentra con que realmente hizo muy poco. Termina sintiéndose perplejo, porque ha pasado casi todo el día en ello, y muy apenas tiene algo que lo demuestra. De forma que aunque ha trabajado muchas horas, su nivel de productividad permanece estático o incluso pasa a estar debajo de la línea.

Cuando nos enfermamos, reconocemos la enfermedad como la manera en que nuestro cuerpo nos dice que bajemos la velocidad y descansemos un poco, pero obstinadamente ignoramos las señales de fatiga en nuestra salud mental.

Un estudio dirigido por Alejandro Liras, profesor de psicología en la Universidad de Illinois en el 2011, especificó que las personas que pueden deslindarse del trabajo incluso por unos pocos minutos trabajan mejor que aquellas que se mantienen continuamente en él. Esto es porque no importa cuán importante es una tarea, cuando te mantienes ocupado con ella sin descanso, el cerebro automáticamente se desconecta y es incapaz de proveer el combustible necesario.

No importa cuánto le apasione una tarea o una idea, invariablemente llegará al estado en que su cuerpo y mente simplemente no puedan seguir en ella. En este punto, una acción inteligente sería tomarse un descanso. Esto abre la puerta de forma que usted vuelve a la tarea con energía renovada e incluso mejores ideas en cuanto a cómo lograr hacer las cosas.

Cuando está cansado, no se puede negar que la calidad del trabajo que se hace en este periodo y después estará por debajo del estándar o, cuando mucho, será un trabajo ordinario. Tomarse un descanso elimina las telarañas de su cabeza y le da la oportunidad a su genio interior de brillar, incrementando su productividad y la calidad del trabajo hecho.

Hay beneficios científicos documentados acerca del caminar: actúa como un liberador de estrés y reduce el agotamiento. Así que dé un paso lejos de la pantalla y de todas esas lucecitas que demandan su atención. Incluso una caminata de diez minutos puede hacerlo sentir lleno de vigor y en una mejor posición para hacer más.

Hable con la gente. En el mundo de hoy inmerso en Facebook, Twitter, Instagram y otros canales de medios sociales, se ha vuelto más fácil sostener relaciones virtuales. Pero se puede hacer espacio para las físicas. Mientras se toma un descanso, diríjase a sus colegas por unos pocos minutos de relajante conversación. No tiene que hablar de nada serio; el simple acto de conectarse con otro ser humano es mágico en su propia naturaleza.

Cuando trabaje por largo tiempo, digamos,

dos horas, desconéctese y tome una siesta corta. Incluso una siesta de 30 minutos puede actuar como un energizante efectivo. Descanse su cabeza y solo respire. Permítase perderse en ese océano de la inconsciencia en donde su mente se vacía de todas sus cargas. Cuando las vuelva a recoger, se hará más fácil realizarlas.

Mire una comedia, escuche una canción que sea especial para usted, invierta en una pausa de té; hay opciones. Solo tiene que escoger unas pocas que funcionen para usted.

La técnica Pomodoro es un método muy efectivo para programar tiempo fuera. Es un método de administración del tiempo desarrollado por Francesco Cirillo, el cual usa un temporizador para que las tareas queden desglosadas en intervalos, usualmente de 25 minutos de duración y separados por descansos cortos. En los 25 minutos asignados al cumplimiento de una tarea particular, hay un alto nivel de enfoque que le permitirá dar lo mejor de sí mismo a la ejecución de dicha tarea. Incluso si los distractores asoman sus cabezas para colarse como suelen hacerlo, son empujados a un lugar en la base de la mente y mentalmente se archivan para su atención posterior.

A largo plazo, esto es mucho mejor que largas horas y resultados apenas razonables. Recuerde que no hay un estudio que dé respuesta a todos los casos y emplee el método que funcione mejor con usted. Algunas personas pueden pasar dos horas en una tarea con la máxima atención, mientras que otras se ponen nerviosas al pasar 30 minutos en la misma postura.

No hay correcto o incorrecto, solo distintas maneras de reaccionar ante una situación. La comprensión de sus peculiaridades es la clave para una mayor productividad.

Capítulo 5
Mito: Decir "Sí" en cada oportunidad

Por favor, no lo haga. Ocasionalmente, ejercite los músculos de su boca, dispóngalos para un propósito en común y dé vida a la palabra: No. Le puedo asegurar que los pilares que sostienen el mundo no colapsarán de repente si lo hace.

Usted desea ser apreciado. Desea que la gente le ame y hable con entusiasmo sobre la gran persona que es. Pero pregúntese qué hay de grande en una persona que vive toda la vida para otros: sus opiniones, sus deseos, sus veleidades y caprichos, todo.

Es incluso más triste, porque al intentar estar disponible incluso cuando sabe que es poco conveniente para usted, terminará haciendo exactamente aquello para lo que se estaba protegiendo: lastimar su crecimiento e impactar negativamente en sus relaciones, personales y de negocios.

Claro, usted debe intentar ayudar a la gente, pero nunca en detrimento de lo que sabe son sus límites. Si alguien le pide que lleve a cabo una tarea para ellos y usted sabe que simplemente no tiene el tiempo extra para hacerlo, diga no con educación, pero con firmeza. Ellos comprenderán, e incluso si no lo hacen, usted habrá hecho lo correcto por usted y por ellos. Decir tal vez, o dar un sí tentativo estaría alzando la expectativa incluso cuando sabe que con toda seguridad será incapaz de lograrlo.

Si eso sucede, ellos estarán decepcionados, y usted será miserable.

La mente humana es una entidad sorprendente. Si se compromete a realizar una tarea para la que sabe muy bien que no cuenta con el lujo del tiempo para hacerla, desde un principio se estará programando para fallar. Esto es porque se convierte en un hueso que está atorado a mitad de su garganta. Usted se atormenta por las cosas que necesita ajustar para que pueda crear tiempo para ello, aun cuando sabe muy bien que no lo hay. O intentará forjar formas creativas por las cuales pueda sacudirse el compromiso inconveniente. Estos preocuparse y reorganizarse llevan tiempo, tiempo que habría sido mejor usado en ser realmente productivo y hacer las cosas.

Su cerebro quema energía y su intelecto se agota. ¿Y todo para qué?

Cuando es una persona que siempre dice que sí, lentamente comenzará a perder la esencia de sí mismo y olvidará las cosas que son realmente suyas: sus opiniones, su identidad y su capacidad.

Sea educado, sea humano y dé razones si puede acerca de por qué es una mala idea que usted tome responsabilidades adicionales en ese preciso momento.

"Cuando tomo más de lo que puedo manejar, limito las oportunidades de otra persona en mi comunidad." – Jeff Shinabarger.

Es mucho más productivo prometer de menos y después cumplir por encima de las expectativas. Haría la vida de otra persona más fácil y le haría sentir bien a usted sobre sí mismo.

Por sobre todas las cosas, recuerde vivir para usted. La verdad es que la gente siempre necesitará algo, y otra verdad es ese recurso limitado que es usted, y será imposible que ambas cosas coincidan todo el tiempo. Haga lo que pueda, en una forma que no le impacte negativamente.

Hágalo porque es lo que quiera hacer, y no porque es lo que se espera de usted. Tal vez será despreciado, juzgado o rechazado, pero en medio de todo ello, usted tendrá el conocimiento de que, sobre todo, habrá sido fiel a sí mismo.

Capítulo 6
Mito: La gente productiva trabaja con una lista

Una encuesta realizada en el 2010 a 1,700 trabajadores calificados en E.E.U.U., China, Sudáfrica, Reino Unido y Australia reveló que, en promedio, los empleados pasan más tiempo recibiendo y administrando información que el que pasan de hecho realizando su trabajo.

Apuesto a que la mayoría de ellos tenía listas. Reviso los mensajes y los contesto. Ir al informe antes de la junta de las 9 en punto y así. Esto está bien, hasta que asoma el problema por el que parece que se cavó un hoyo en el primer elemento de la lista y se convierte en casi imposible el desanclarse de él.

¿Suena familiar?

El trabajo puede ponerse muy intenso con juntas que parecen no tener fin a la vista, interrupciones sin fin y sorpresas que aparecen todo el tiempo, de forma que al llegar al final del día, resulta difícil señalar cualquier progreso real hecho durante la jornada.

Por eso es importante programar adecuadamente el tiempo y planear su día de forma que alcanzar sus metas con el tiempo disponible resulte algo realizable.

Es conveniente que no intente hacer de más. Comprenda sus restricciones, sea realista con su horario. ¿Es posible completar esto en el tiempo especificado?

Es contraproducente tomar más de lo que pueda manejar y ningún monto de programación le ayudará con el lío que haya creado. Asigne el tiempo adecuado a la cantidad de tareas que se sienta confiado en completar cualquier día.

El tiempo parece ser un recurso infinito, hasta que la realidad nos da un revés en la cara y nos damos cuenta de que no lo es. El tiempo perdido no puede recuperarse, así que es importante que lo emplee productiva y eficientemente.

Cuando crea un horario, pinta una imagen holística de las cosas que necesitan hacerse, sus metas propuestas y le ayuda a darles seguimiento.

Un horario puede ser creado de varias formas. Puede usar la ruta ya probada de emplear pluma y papel para organizar su tiempo. En nuestro mundo empapado de tecnología, el software como Google Calendar®, Business Calendar y otros pueden proveer ayuda inmensurable al crear un horario que funcione para usted.

Identifique el tiempo que tiene y el porcentaje de él que puede dedicarle al trabajo, pormenorizar tareas que necesitan ser hechas tomando en consideración las de alta prioridad que considere importantes. Las tareas que entren en esta categoría deben registrarse en los momentos del día en donde su nivel de productividad esté en lo más alto.

Al elaborar un horario, es importante saber que el día muy probablemente no se comportará de acuerdo con su plan exacto para él. Evite que un elemento desconocido dé vuelta por completo a su día: se debe preestablecer un tiempo extra para circunstancias imprevistas que puedan aparecer. El no hacerlo no significa que las sorpresas no seguirán apareciendo de vez en cuando, sino que estará menos preparado para manejarlas.

"Un buen plan es como una mapa de carreteras; muestra el destino final y usualmente el mejor camino para llegar ahí." – H. Stanley Judd.

Eso lo dice todo.

Capítulo 7
Mito: Los e-mail son la forma más efectiva de comunicación

Con los años, la cultura de enviar y recibir correo electrónico se ha convertido en la forma número uno de comunicación en el lugar de trabajo. Sin duda, es una gran herramienta para mantener un registro electrónico de los mensajes que entran y salen.

Pero decir que es el más efectivo es, para decirlo en forma sencilla, estirar la verdad. Los emails se han convertido en vampiros del tiempo, consumiendo una gran porción de la jornada de trabajo.

Algunas personas han cultivado el hábito de contestar a los correos electrónicos en tiempo real. No importa si reciben veinte correos en una hora; ellos van a contestarlos todos inmediatamente tal y como les llegan. Por favor, díganme: ¿cuánto tiempo les queda para hacer el verdadero trabajo del día? Muy poco tiempo, porque recibir y enviar email consume la energía mental que puede ser mejor canalizada para otras tareas, dejándole cansado incluso si no ha hecho gran cosa.

Hay formas de manejar el correo electrónico. Evite la necesidad de responder a los correos tan pronto como llegan. En cambio, cree bloques de tiempo en su jornada dedicados a todo lo que tenga que ver con correos. Podría ser dos veces al día: en las mañanas cuando llega a trabajar, y en las tardes, justo antes de que dé por terminado el día. De esa forma, atenderá su correo mientras se asegura de que otros aspectos de su trabajo no sufren.

Las estadísticas disponibles muestran que más de 2.6 billones de personas en el mundo usaron el correo electrónico en el 2016, con un promedio de más de cien correos enviados solamente en el trabajo. Por cada correo enviado, recibido y que se contesta, hay un tiempo equivalente que debería ser canalizado más productivamente que está siendo enviado por el desagüe, tiempo que no volverá y que mata efectivamente la productividad.

Es bueno; el deseo de querer su dedo en el pulso de los acontecimientos, pero es también peligroso que su bandeja de entrada se convierta en un mercado de diferentes hilos de conversaciones y de notificaciones que requieren que pase más tiempo atendiéndolas fatigosamente.

Enviar un correo electrónico con una gramática apropiada y aceptable es tan importante como enviar uno que sea conciso y vaya directo al asunto que quiere tratar. Divagar cuando envía un correo gasta no solo el tiempo del destinatario, sino también el suyo, tiempo que podría haber sido mejor usado cumpliendo con tareas de mayor prioridad.

Personalmente, uso Slack. Encuentro que es una herramienta muy valiosa para comunicarme con mi equipo y miembros, en mejorar la comunicación y las colaboraciones con rapidez. De hecho, algunas veces es descrita como un asesino de email. Slack afirma que sus usuarios reportan recibir un 48.6% de correos internos después de que comenzaron a usar la herramienta.

Eso es maravilloso, ¿verdad? Entre menos tiempo pase en revisar y responder al correo electrónico, dispondrá de más tiempo para enfocarse en la productividad.

Capítulo 8
Mito: Estar ocupado es lo mismo que ser productivo

Los términos "ocupado" y "productivo" significan cosas diferentes y no dependen uno del otro. Por tanto, es razonable pensar que tener mucho que hacer y estar ocupado no significa que está siendo productivo.

Las ideas son importantes, pero no necesariamente gobiernan el mundo y tener una sobreabundancia de ellas puede verse como algo negativo en lugar de positivo. Esto es porque más allá de tener una buena idea, tiene que echarse mano del trabajo para transformarla en realidad.

Cuando parece que tiene mucho que hacer, tenga en mente que el objetivo es pasar el tiempo en cosas que son importantes para usted. Las tareas de importancia mínima deben o ser delegadas o manejadas rápidamente a fin de liberarle y que tenga más tiempo y energía para usar en lo que importa.

La productividad es hacer que las cosas correctas sean hechas, no se trata de hacer más.

Hay distintas tonadas que la música de nuestra vida ejecuta y muchas piezas que forman el todo que cada individuo llama vida. Están la familia, la salud, los negocios, el trabajo y otros elementos. Después de la salud, puede argumentarse que la cosa más importante es el tiempo. Este tiempo no se muestra como algo independiente, sino como un impacto mayor en la calidad de la salud y el tiempo individuales.

La vida puede ser abrumadora, o tal vez inadvertidamente la hacemos así. Demasiadas veces la gente está enterrada en sentimientos de incompetencia. Se sienten atrapados en la idea de que no están haciendo lo suficiente, no porque sea la verdad, sino porque se han impuesto objetivos imposibles para sí que no pueden realizarse.

Es simple: deje de intentar hacerlo todo. No puede, y lo que es más importante, no tiene que hacerlo.

Imagine que está en una dulcería y se le diera un contenedor vacío para que tome todos los dulces que desee. Lo más probable es que usted estaría alerta y específicamente se dirigiría a sus dulces favoritos mientras ignora por completo los que no le gustan.

El mismo principio se aplica: elija su tarea con cuidado y tenga en cuenta su índice de productividad total.

Recuerde: su productividad es suya, y su definición de ella puede ser distinta de la de otro. Y eso está bien. No está obligado a estar ocupado cuando otra persona está ocupada o parece que lo está.

La meta es la productividad mejorada, no malgastarse bajo la pretensión de estar ocupado sin alcanzar a hacer nada significativo.

Capítulo 9
Mito: Cada minuto que se usa en planeación ahorra diez en ejecución

Planear involucra una secuencia de acciones que llevarán a conseguir una meta específica. Si se hace efectivamente puede acortar la ejecución de llegar a la meta.

Brian Tracy citó: "Cada minuto que use en planeación le ahorrará diez en la ejecución". Sin embargo, planear involucra pensar, lo que puede llevarle a andar en círculos en su cabeza.

"Si pasa demasiado tiempo pensando en algo, nunca lo hará." – Bruce Lee.

Planear es bueno, y hay definitivamente que darle su lugar. Ayuda a prepararse mejor y a colocarle en una mejor posición para realizar tareas efectivamente. Pero por otro lado, sobre-planear podría ser precisamente el bloque que se encuentra entre usted y el cumplimiento de una tarea.

Es simple: sobre-planear puede llevarle a una escasez de acciones porque en lugar de ocuparse, se pone a sopesar tanto en los aspectos relevantes como irrelevantes de lo que implica ponerse en acción.

Por ejemplo, comenzar un negocio es un trabajo duro, especialmente si la meta es ocuparse en él de 9 a 5. El conocimiento de que su única fuente de ingresos serán las ganancias generadas de ese negocio le lleva a pensar muy seriamente. Claro, hay mucho por considerar antes de iniciar un negocio: la necesidad de ese producto, el mercado objeto, etcétera. Sin importar cuán confiable sea su preparación, el éxito del negocio se adjudica a cuán sólidamente se comporta en el mercado. Y para hacerlo, el negocio necesita nacer en primer lugar.

Piense, abra su mente a la voz del universo, pero esté alerta al punto en que se vuelva necesario trazar la línea. No se preocupe por las cosas insignificantes o busque el permiso expreso de otros acerca de lo que desee hacer con su vida.

Al final, el éxito es el resultado de las acciones. Los pensamientos solo pueden conducirle hasta ahí. Encierre sus temores en un compartimiento y pregúntese: ¿qué es lo que quiero hacer hoy? Luego, vaya directo a hacerlo. Tal vez fallará, pero incluso si es así, habrá lecciones inconmensurables que aprender de ello.

Planear puede ahorrar tiempo, pero hacer

ahorra mucho más.

Disfrute del milagro que es cada día y sienta el ardiente deseo de aprovecharlo al máximo. No importa de cuánto tiempo disponemos, nunca estaremos en el punto en el que lo tengamos todo, incluso los mínimos detalles resueltos. El truco es saber que eso está absolutamente bien.

Un paso aquí, un paso allá es progreso y le acerca mucho más a su objetivo. Muy seguido muchas personas se quedan atoradas en un lugar porque están resueltas a esperar el momento perfecto. Tales personas estarán ahí por mucho tiempo todavía, porque no existe el momento perfecto,sino el que nosotros creamos.

Nunca habría escrito este libro si no tuviera un plan que detallara el conteo de palabras y una ventana de tiempo específica. Pero tampoco habría escrito este libro si hubiera permitido que las cosas grandes y pequeñas me detuviesen.

Un plan es importante, porque inyecta un sentido de urgencia y seriedad, pero también es peligroso, porque puede convertirse en ese lugar estático donde los sueños van a dormir y nunca despiertan como realidades.

Capítulo 10
Mito: Trabaje con inteligencia, no más duro

¿Qué pasó con trabajar con inteligencia Y duramente?

El objetivo final es incrementar la productividad, y para hacerlo, la amalgama de trabajar con inteligencia y más duro es una herramienta más efectiva.

La premisa de trabajar con inteligencia como algo opuesto a trabajar más duro puede negarse, porque lo importante es el nivel de productividad, al cual le importa más qué se ha logrado más que grandes cantidades de tareas que se hayan realizado de cualquier manera.

Cuando trabaja duro en su negocio, por ejemplo, hay un sentido tangible de cumplimiento que invariablemente lleva a una mayor confianza.

Trabajar con inteligencia, por el otro lado, le asegura que termine sus tareas en tiempo récord y emplee menos aportes. A fin de mejorar la verdadera productividad, se debe crear un puente que los una a ambos.

Aunque hay espacio para el talento, las habilidades tienen que ser perfeccionadas para pasar por la fragua por ese golpe de calor que las convierte en oro puro. En las primeras etapas de un negocio o un trabajo, el trabajo duro con su cabeza bien plantada en la tierra es importante. Es el momento de aprender lo básico para llevar a cabo tareas particulares y gradualmente mejorar al hacerlas.

Mientras el tiempo progresa, trabajar con inteligencia puede tomar el asiento del frente. Los métodos alternativos de resolver los mismos problemas o realizar las mismas tareas pueden explorarse, de forma que el tiempo que llevan las tareas pueda reducirse significativamente mientras todavía mantenga y mejore su nivel de productividad.

Por tanto, la aplicación del trabajo duro y el trabajo inteligente es la combinación perfecta de fuerza de trabajo y el poder mental para obtener los mejores resultados posibles.

Conclusión

¡Gracias de nuevo por descargar este libro! Es mi esperanza que haya sido una fuente invaluable para usted al proveerle de lecciones prácticas y oportunas en cómo maximizar mejor las horas de cada día y hacer de la productividad mejorada un modo de vida.

Aunque puede parecer abrumador al inicio, todos tenemos las mismas 24 horas cada día, e incluso tan locas como las cosas se las arreglan para presentarse de vez en cuando, algunos individuos consiguen mantenerse por encima de su juego y logran hacer sus tareas.

Ellos no son súper-humanos. La diferencia entre usted y ellos es que ellos han aprendido el arte efectivo de desensamblar sus días, para después reunir las partes de una forma que refleje su ser verdadero.

Pero usted puede también, y es de lo que trata este libro.

El siguiente paso es tomar una decisión consciente con la combinación de su cabeza y su corazón: la decisión de dejar ir los mitos de administración del tiempo que le han retenido a usted y a su productividad colmo rehenes. Libérese, para que pueda alcanzar su potencial verdadero.

La productividad no es un término abstracto que planea justo más allá de su alcance. Más bien está dentro de su círculo de influencia. Solo debe alcanzarlo.

Compréndase a sí mismo y a las

peculiaridades que lo hacen diferente de la otra persona. Sea fiel a su yo interior, y observe cómo las piezas aparentemente no relacionadas del rompecabezas se unen para hablarle.

En una nota final, si disfrutó el libro y no le es mucho problema, entonces me gustaría pedirle un favor: ¿sería tan amable de dejar un comentario para este libro en Amazon? Lo apreciaría muchísimo.

Además, yo proveo de coaching uno a uno para profesionales que desean dejar de procrastinar, ganar más control de su tiempo, y moverse hacia adelante en proyectos y metas que sean más importantes para ellos.
¡Gracias, y le deseo lo mejor!

www.ingramcontent.com/pod-product-compliance
Lightning Source LLC
Chambersburg PA
CBHW071855070526
44583CB00016B/1701